SPRINGERLE UND PEITSCHENKNALL

Adventskalender mit Bräuchen und Rezepten aus dem Südwesten

gesucht und gefunden von German Neundorfer
illustriert von Antje Therés Kral

8 grad

DER ZAUBER DES ADVENTS

Die dunklen Nächte der Vorweihnachtszeit haben über Jahrhunderte hinweg die Fantasie der Menschen beflügelt. Kaum eine Zeit des Jahres ist stärker von alten und manchmal auch neueren Bräuchen geprägt als der Advent. Und die Vielfalt dieser Bräuche ist überwältigend. Alle Sinne werden angesprochen. Es wird gesungen und gegessen, wundervolle Düfte erfüllen das Haus, und man erzählt sich Geschichten.

Gerade der Südwesten hat hier viel zu bieten, von lautstarken Unholden bis hin zu sphärischen Klängen. Orakel werden befragt, und dass der Adventskalender, so wie wir ihn kennen, aus dem Südwesten stammt – wen wundert es?

Den besonderen Zauber dieser Zeit feiern die folgenden Seiten.

1

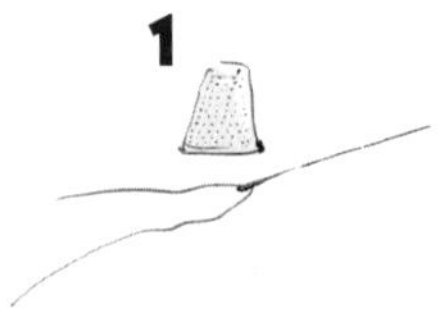

Gerhard Lang (1881–1974) *war Teilhaber der Münchner lithografischen Anstalt Reichhold & Lang. Statt der Wibele, ein Süßgebäck aus Biskuitmasse, ließ Lang bunte Bilder drucken, die man ausschneiden und auf die 24 Felder kleben konnte.*

ADVENTSKALENDER

Beginnen wir unseren Adventskalender mit dem Adventskalender selbst. Von Hand gefertigte Zeitmesser, die das Warten aufs herbeigesehnte Fest verkürzen sollten, gab es schon Mitte des 19. Jahrhunderts.

Das Verdienst, den ersten gedruckten Adventskalender unters Volk gebracht zu haben, kommt einer Stuttgarter Zeitung zu, die im Jahr 1904 ihre Leserinnen und Leser damit überraschte.

Ausgedacht hat sich den der umtriebige Verleger Gerhard Lang, inspiriert von einem Erlebnis aus seiner Kindheit: Seine Mutter hatte 24 Kästchen auf einen Karton gezeichnet und auf jedes von ihnen ein **»Wibele«** genäht.

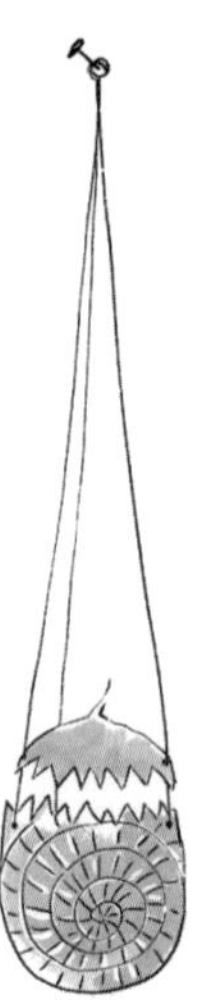

2

»Wir sind die Rübengeister und sind im Schnitzen Meister; drum gebt uns gute Gaben, dann können wir uns laben.«
So lautete ein gängiger Spruch.

RÜBENGEISTER

Ein kleiner Schritt zurück in die Zeit vor dem Advent. Fast schon vergessen und von den allgegenwärtigen Halloween-Kürbissen beinahe verdrängt, sind die Rübengeister.

Sie waren früher zu Allerheiligen und Allerseelen, also deutlich vor der Weihnachtszeit, nahezu überall in Baden-Württemberg anzutreffen. Aus Futterrüben geschnitzt, wurden diese Geister von Kindergruppen, die um Süßigkeiten baten, von Haus zu Haus getragen.

»Angerschegoaschter« nennt man sie im Stuttgarter Raum, **»Rääbenliechtli«** heißen sie bei den Alemannen. Vielleicht sollten sie uns bald wieder einmal beehren.

3

3

Mit dem Andreastag beginnt das neue Kirchenjahr. Daher überrascht es nicht, dass er auch das zukünftige Wetter verrät. ***»Wenn es an Andreas schneit, der Schnee hundert Tag liegen bleibt«****, weiß eine alte Bauernregel.*

ANDREASTAG

Als Zeit für Orakel galt lange die Nacht zum 30. November, der Tag des heiligen Andreas.

Im Schwarzwald kamen die Mädchen in den Stuben zusammen und versuchten, nach getaner Hausarbeit einen Blick in die Zukunft zu werfen.

Ein Apfel wurde spiralförmig geschält und die Schale rückwärts auf den Boden geworfen.

Ein prüfender Blick auf die Form der dort liegenden Schale sollte den Anfangsbuchstaben vom Namen des künftigen Ehemanns verraten.

Kein Wunder, denn der heilige Andreas galt auch als **der Schutzheilige der Liebenden**.

4

4

Manchmal werden die Barbarazweige ***auch mit kleinen Zetteln versehen****, auf denen die Namen der einzelnen Familienangehörigen stehen. Demjenigen, dessen Blüte zuerst aufblüht, winkt besonders viel Glück.*

BARBARAZWEIGE

Der Brauch der Barbarazweige ist weitverbreitet. Auch im Südwesten werden am 4. Dezember eifrig **Kirschzweige** gesammelt und in einer Vase an einen warmen Ort gestellt, damit sie rechtzeitig zu Weihnachten aufblühen.

Die Blüten sollen auf das Wunder in der Christnacht hinweisen, die Menschwerdung Gottes.

Übrigens: Da die heilige Barbara **Patronin der Kirche in Furtwangen** ist, findet dort seit über 300 Jahren der traditionelle Barbaramarkt statt.

5

5

Dass der Biggesel die ***»unfolgsamen« Kinder*** *beißt, geschieht mittlerweile selbstverständlich nur noch symbolisch.*
Also, keine Angst vor diesem imposanten Wesen!

BIGGESEL

Unheimliches geschieht Jahr für Jahr am 5. Dezember in Unterentersbach bei Zell: In einer Schmiede werden den Begleitern des Nikolaus oder Santiklaus die **Gesichter schwarz eingefärbt**, und schon zieht eine wilde Horde mit einem Korb voller Ruten durchs Dorf.

Mit dabei ist der Biggesel, der durch seinen großen Eselskopf, seine spitzen Ohren und aufgemalten Augen tatsächlich Anlass zum Fürchten bietet.

Diese Horde befragt nun die Kinder danach, was sie denn über das Christkind und den Nikolaus wissen, und falls sie sich »unfolgsam« betragen, werden sie vom Biggesel gebissen.

6

6

Das Klausenhölzle ist auch unter anderen Namen bekannt.
***»Glosenhölzle«** heißt es im vorderen Renchtal, im Westallgäu hingegen nennt man es **»Vaterunserhölzle«**.*

DAS KLAUSENHÖLZLE

Jemandem, der etwas auf dem Kerbholz hat, geht man normalerweise aus dem Weg.

Nicht so bei dem, der ein Klausenhölzle sein Eigen nennt. Denn auf diesem vierkantigen Holz konnten in früheren Zeiten die Kinder die **Anzahl der Vaterunser** einkerben, die sie vor dem Besuch des Nikolaus gebetet hatten.

Am Vorabend des Nikolaustags wurde das Kerbholz vor die Tür gelegt, sodass der Nikolaus daran riechen konnte, um auf diese Weise die Betfertigkeit der Kinder zu prüfen.

7

7

Aus Gundelfingen ist folgender Spruch überliefert, mit dem die Kinder gegen die geschlossenen Fensterläden trommelten: ***»Holla, holla, Klopfa raus! Oder wir schlagen ein Loch ins Haus.«***

KLÖPFELNÄCHTE

Die Klöpfelnächte fallen auf die drei letzten Donnerstage vor Weihnachten. Vermummte Gestalten ziehen von Haus zu Haus, klopfen mit Hämmern oder Ruten an die Türen und Fensterläden und verlangen eine Gabe.

Dieser Heischebrauch soll auf die **Herbergssuche von Maria und Josef** in Bethlehem verweisen.

Im Schwarzwald gibt es während der Klöpfelnächte noch heute den Brauch der **Säcklestrecker**. Nachts wird mit einer Stange gegen das Fenster eines Gehöfts geklopft. In einem an der Stange angebundenen Leinensack befindet sich ein Brief, der von den Missetaten des Bauern kündet. Der Bauer muss nun das Säckchen mit Wurst und Fleisch füllen.

Wird der Säcklestrecker beim Abholen erwischt, kommt es mitunter zu wilden Verfolgungsjagden.

8

Zutaten

5 Eier

400 g Puderzucker

400 g Mehl Type 405

Butter zum Fetten des Blechs

1 EL Anis

SPRINGERLE

Rezept

Eier schaumig rühren, Puderzucker zugeben und die Masse gut verrühren.

Dann das Mehl mit einem Knethaken einarbeiten.

Teig in einer Schüssel mit Deckel und Frischhaltefolie abgedeckt mindestens 12 bis 24 Stunden im Kühlschrank ruhen lassen.

Dann den Teig ca. ¼ Zentimeter ausrollen und mit Springerle-Modeln Formen ausstechen.

Backblech fetten, mit Anis bestreuen.

Darauf die Springerle legen und ebenfalls mit Anis bestreuen.

24 Stunden an einem warmen Ort trocknen lassen.

Backofen (Umluft) auf 140 Grad vorheizen und die Springerle ca. 15 bis 18 Minuten backen.

Die Oberfläche sollte weiß bleiben.

9

Das Kloastreiben soll an den germanischen Gott Wotan und dessen wildes Heer erinnern. Und es ist ***eine reine Männersache****, immer noch.*

MIT PEITSCHENKNALL IN WALDDORF UND EBERSHARDT

Wer hat den größten Strohmann? Dieser Rekord dürfte wohl den Akteuren des Kloastreibens in Walddorf und Ebershardt im Nordschwarzwald zuzubilligen sein.

In einer geheim gehaltenen Scheune wird ein Jugendlicher von seinen Altersgenossen komplett in lang geschnittenes Stroh gekleidet. Eine mit eingewickelte lange Stange soll für die enorme Höhe des **Kloas** von bis zu vier Metern sorgen. Und reicht das Stroh, bekommt diese imposante Gestalt noch einen kleineren Gesellen zur Seite, den **Schellenkloas**.

Mit einer Peitsche bewaffnet ziehen **der Kloas und sein Heer** nun knallend und brüllend durchs Dorf. Anschließend wird der Kloas seines Strohkleids entledigt und dieses in einem Feuer verbrannt.

10

10

Zutaten

200 g gedörrte Birnenschnitze

200 g getrocknete Pflaumen

je 50 g Zitronat und Orangeat

375 g Schnitzbrühe (Einweichbrühe der Birnenschnitze)

450 g Mehl

60 g Hefe

300 g Rosinen

10 g Zimt

150 g Zucker

5 g Anis

5 g Fenchel

4 g Nelken

1000 g Kranzfeigen

200 g ganze Mandeln

200 g ganze Haselnüsse

HUTZELBROT

Rezept

Birnenschnitze (Hutzeln) über Nacht einweichen.

Am nächsten Tag mit Pflaumen, Zitronat und Orangeat durch den Fleischwolf drehen.

Zusammen mit der Schnitzbrühe und den Zutaten – außer den Feigen, Mandeln und Haselnüssen – einen Teig zubereiten.

Der Teig muss 30 Minuten ruhen.

Inzwischen die Feigen in kleine Stücke schneiden und nach der Ruhezeit mit den ganzen Mandeln und Haselnüssen unter den Teig arbeiten.

Dieser muss nun nur noch in der gewünschten Größe abgewogen und geformt werden.

Jedes Teigstück mit Wasser abstreichen und im Ofen bei 210 Grad backen.

Die Backzeit beträgt je nach Größe der Brote zwischen 40 und 50 Minuten.

11

11

Die ***Herkunft des Namens Dambedei*** *ist umstritten. Ob er von »Damp« herrührt, was so viel wie Trampel bedeutet, oder von einem rätischen Schutzgott namens »Tampada«, ob eine Verballhornung der »dame de dieu« (Muttergottes) dahintersteckt oder des Segenwunsches »ad honorem domini dei«, wird wohl noch länger ein Rätsel bleiben.*

KLAUSENMÄNNLE UND DAMBEDEI

Die Gaben des Nikolaus, das waren ursprünglich Äpfel, Birnen oder Nüsse, außerdem Lebkuchen oder Früchtebrot.

Beliebt waren auch Gebildbrote, also Gebäck in Form von **Klausenmännle oder Klausenweible**. Die Klausenmännle konnten viele Formen annehmen. Neben den Männlein und Weiblein gab es Tiere wie **Schnecken, Hasen oder Hirsche**.

In Karlsruhe kennt man heute noch den Dambedei, ein Hefegebäck in Form eines Männchens mit Korinthenaugen.

12

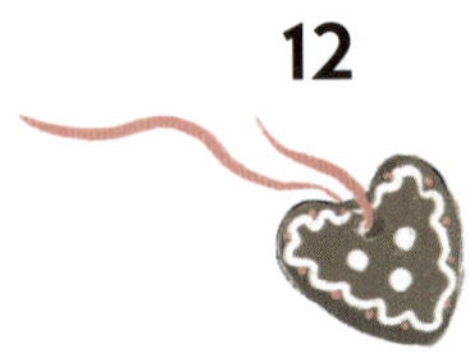

Dass das Christkind den Weg auch ins Höllental findet, beweist seit einigen Jahren der Weihnachtsmarkt in der Ravennaschlucht im Schwarzwald. Unterhalb des 40 Meter hohen Eisenbahnviadukts erstreckt sich hier an allen vier Adventswochenenden ein ***märchenhaftes Lichtermeer****.*

WEIHNACHTSMÄRKTE

An Weihnachtsmärkten herrscht im Südwesten kein Mangel, sodass hier nur wenige genannt werden können.

Der Stuttgarter Weihnachtsmarkt wurde 1692 das erste Mal urkundlich erwähnt, in Biberach an der Riß beglückte 1878 der Konditormeister Ruppert die Nachbarskinder mit Weihnachtsgebäck und einer Christkindfigur, die er an einer Schnur niederfahren ließ, woraus sich das **»Chrischtkindle-Rablassa«** am dortigen Weihnachtsmarkt entwickelte.

Das Verdienst, den ältesten Weihnachtsmarkt im Südwesten zu haben, dürfte jedoch der Stadt Bad Wimpfen zufallen. Bereits im Jahr 1487 wurde ihr das Privileg verliehen, einen Weihnachtsmarkt abzuhalten.

13

13

Und woher stammt der Name Rorate? Von dem Lied ***»Tauet, Himmel, den Gerechten, Wolken, regnet ihn herab«****, dessen lateinische Fassung so beginnt:* ***»Rorate coeli desuper et nubes justum«****.*

DAS ENGELAMT

Noch heute wird in vielen Gemeinden des Schwarzwalds das Engelamt gefeiert, auch als **Rorateamt** bekannt.

Mindestens einmal in der Woche, und zwar meist am Donnerstag, versammelt man sich am frühen Morgen, häufig schon um fünf Uhr, in der Kirche und stimmt gemeinsam bekannte Weihnachtslieder an.

Seinen Namen hat das Engelamt von der **Verkündigung der Geburt Christi** durch den Erzengel Gabriel. Etwas Besonderes für alle, die gern früh aufstehen.

14

14

Zutaten

3 Eier

500 g Zucker

je 1 TL Kakao und Kaffee

1 EL Rum

1 Messerspitze gemahlene Nelken

1/8 l Milch

1 Messerspitze Hirschhornsalz

800 g Mehl

1 Päckchen Backpulver

je 20 g Orangeat und Zitronat

Für die Glasur:

200 g Puderzucker

2–3 El Wasser

ULMER BROT

Rezept

Eier mit Zucker schaumig rühren.

Dann Kakao und Kaffee, Rum, Gewürze und einen kleinen Teil der Milch dazugeben.

Das in der verbliebenen Milch aufgelöste Hirschhornsalz sowie Mehl und Backpulver vermischen und einarbeiten.

Nun gehacktes Orangeat und Zitronat unterziehen.

Daraufhin den Teig auf ein gut gefettetes Blech streichen und ca. 30 Minuten bei 180 Grad backen.

Abkühlen lassen, anschließend in Schnittchen schneiden. Puderzucker mit Wasser verrühren und das Brot glasieren.

15

15

Ein besonderer historischer Nachweis des Christbaums im Schwarzwald ist eine Lohnabrechnung aus dem Jahr 1576. Darin steht, ein Förster habe einen ***»Wiehnachtsbaum uf die Ratsstuben«*** *gebracht.*

DER CHRISTBAUM

Die Tradition, sich zur Weihnachtszeit einen Baum in die Stube zu stellen, stammt höchstwahrscheinlich aus dem Elsass.

Dort musste bereits im 16. Jahrhundert eine Verordnung **dem unkontrollierten Fällen** von Bäumen am Thomastag (21. Dezember) **Einhalt gebieten**.

Der Brauch, Bäume zu schmücken, ist hingegen mindestens ein Jahrhundert älter. Bereits 1419 sollen einige Freiburger Bäcker einen Baum mit Süßigkeiten geschmückt haben. Die Kinder durften diese »Früchte« dann zu Neujahr ernten.

Der Südwesten war eben schon immer kreativ.

16

16

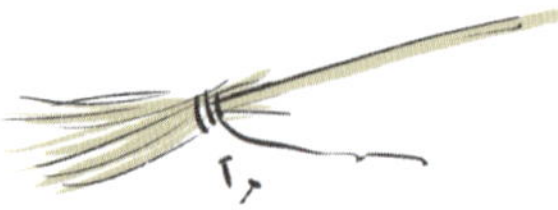

Der Lichtgang war so prominent, dass er dem Magazin des Denzlinger Bunds »Heimat und Volksleben« zu seinem Titel verhalf. Bis heute nennt sich dieses ***Magazin*** **Der Lichtgang**.

LICHTGANG

In früheren Zeiten versammelten sich die Menschen in der dunklen Jahreszeit gern in Gaststuben oder bei den Nachbarn.

Man unterhielt sich, erzählte Geschichten, verrichtete gemeinsam Handarbeiten wie das Besenbinden oder Korbflechten, es wurde gesponnen und gestrickt.

Für die nötige **Wärme und Beleuchtung** sorgten dabei Holz, Kienspäne oder Öllampen.

Und da man an solchen Abenden zum Licht ging, waren diese Treffen im Schwarzwald schnell unter dem Motto **»z' Lièchd gau«** in aller Munde.

17

Und was passiert weiter mit den Figuren? Selbstverständlich werden sie ***auf den Höfen für eine Zeit beherbergt****. Denjenigen, auf deren Gehöft die Figuren sich zuletzt aufgehalten haben, fällt die Aufgabe zu, sie an Heiligabend zur Christmette zu bringen.*

FRAUENTRAGEN

In manchen Teilen des Schwarzwalds, und zwar in den katholischen, findet man ihn immer noch, den Brauch des Frauentragens.

Was hat es damit auf sich? Den Hintergrund bildet die vergebliche Herbergssuche von Maria und Josef, wie sie im Lukasevangelium (2,7) geschildert wird. In Anlehnung an ihre biblischen Vorbilder werden eine **Marienfigur** oder gleich beide, **Maria und Josef**, unter Gesang und Gebeten von Hof zu Hof getragen.

18

18

Das Kloster der ***Franziskanerinnen in Bonlanden*** *beherbergt eine der größten und schönsten Krippen Süddeutschlands. Hier treffen 254 holzgeschnitzte Engel- und Menschenfiguren, in feines Tuch gewandet, auf 124 Tierfiguren. Ganze Stadtansichten, Landschaftsbilder und Einzelbauten bilden eine würdige Kulisse.*

WEIHNACHTSKRIPPEN

Selbstverständlich darf sie hier nicht fehlen, die Weihnachtskrippe. Und mit Krippen ist Baden-Württemberg reichlich gesegnet.

Wobei der Raum zwischen Günzburg, Weißenhorn Krumbach und Mindelheim gar als das **»schwäbische Krippenparadies«** Berühmtheit erlangte.

Verantwortlich dafür waren die Jesuiten. Sie nutzten in der Zeit des Barocks die Krippen, um die Volksfrömmigkeit zu fördern, was dazu führte, dass regelrechte Krippenzentren entstanden.

Zu nennen sind hier Rottweil, Ellwangen oder Rottenburg am Neckar mit seinem Weggetaler Kripple als besondere Attraktion.

19

Der Name Fatschenkinder leitet sich vom lateinischen fascia ab, was man mit Binde oder ***Wickelband*** *übersetzen kann. Noch bis ins 19. Jahrhundert war es üblich, Säuglinge am ganzen Körper mit Binden einzuwickeln. Bis heute kann man in einigen Frauenklöstern Fatschenkinder bestellen.*

FATSCHENKINDER

Ein wenig merkwürdig sehen sie schon aus, die Fatschenkinder. Diese Gebildvotive finden sich immer noch vereinzelt in Süddeutschland und Österreich.

Vor allem im Allgäu, in Oberschwaben und am Bodensee waren diese **fest eingewickelten Jesuskinder** zu finden. Und es gab sie in allen Größen. Kopf, Hals und Schultern waren meist aus Wachs, den Körper umhüllten kostbare Stoffe.

Zum Einsatz kamen sie bei dem bis ins 20. Jahrhundert belegten **Brauch des Kindlwiegens**. Während sie Weihnachtslieder sangen, wiegten Kinder das in einer Wiege liegende Fatschenkind.

20

20

Da der Pelzmärtle wirklich jedes Haus in Wittlingen besucht, ist Arbeitsteilung nötig. ***Gleich vier dieser Gestalten*** *ziehen umher, jeweils geführt von zwei Begleitern, denn wegen seiner Maskierung sieht der Pelzmärtle kaum etwas.*

PELZMÄRTLE

Eine gruslige Gestalt macht an Heiligabend in Wittlingen bei Bad Urach die Runde. Wenn Schellengeklingel und der Ruf **»Hooooop Hansel!«** zu hören sind, dann wissen alle: Der Pelzmärtle ist wieder unterwegs.

Gekleidet in einen Militärmantel und versehen mit Schellenriemen, einer Maske aus Wildschweinfell und einem Zylinder mit rotem Hutband zieht er von Haus zu Haus, um durch Rütteltänze die bösen Geister zu vertreiben.

Seinen Ursprung hat der Pelzmärtel übrigens in Franken, wo er die reformatorische Antwort auf St. Nikolaus war.

21

21

Wer heute einen Blick in den Kalender wirft, wird den Thomastag vergeblich am 21. Dezember suchen; ***1969 wanderte er auf den 3. Juli****.*

THOMASTAG

Es ist **der kürzeste Tag im Jahr**:
der Thomastag, nach jenem Apostel benannt, der vor allem durch seine Zweifel an der Auferstehung Jesu hervorstach.

Womöglich deswegen wurde er Namenspatron dieses zumeist finsteren Tages.

Mit dem 21. Dezember beginnen die zwölf Nächte, in denen bestimmte Arbeiten wie das Spinnen nicht mehr verrichtet werden durften.

Was wohl nicht allein im Schwarzwald dazu führte, dass die Mägde die Nacht zuvor kaum ins Bett fanden, da sie noch so viele Spinnereien zu beenden hatten. Daher heißt diese Nacht im Badischen auch **»Bleibauf«** oder **»Durchsitz«**. Und sie wurde mit Lebkuchen und Liebesorakeln versüßt.

22

22

Ursprünglich war der Kuhreihen ein ***Signalruf****, mit dem die Hirten (Hertern) ihr Vieh aus der Stadt trieben und sich gegenseitig Botschaften zukommen ließen.*

DER KUHREIHEN IN VILLINGEN

In der Zähringerstadt Villingen sind in der Heiligen Nacht ganz besondere Klänge zu vernehmen.

Nach der Christmette versammeln sich die Menschen an verschiedenen Orten in der Stadt, um den **Tönen des Herterhorns** zu lauschen, das, begleitet von weiteren Bläsern, den Kuhreihen anstimmt.

Der Brauch besteht seit 1765, als eine Seuche alles Vieh der Stadt dahinzuraffen drohte. Um ein Übergreifen der Seuche zu verhindern, trieb man die Tiere vor die Stadttore auf den Stallberg, wo heute der Friedhof liegt.

Zum Dank dafür, dass sie verschont wurden, gelobten die Villinger, das Herterhorn jedes Jahr an Heiligabend erklingen zu lassen.

23

23

Die Tradition der Stubedde wird derzeit im Schwarzwald neu entdeckt. Mit dem Motto ***»Wir nennen es Stubede«*** *will man dieses Brauchtum neu beleben.*

STUBEDDE

Die Tage im Winter, an denen die Knechte und Mägde auf den Schwarzwaldhöfen nicht arbeiten mussten, wurden »Stubedde« genannt.

Diese **arbeitsfreie Zeit** begann mit dem zweiten Weihnachtsfeiertag, dem Stephanstag, und endete an Dreikönig.

Es war die Zeit, in der man, wenn man nicht den Weg in die Heimat suchte, sich in der sonst verbotenen Stube des Hofs aufhalten durfte.

Man saß zusammen, erzählte sich Geschichten und spielte Cego, das alte Schwarzwälder Kartenspiel. Man ließ es sich also gutgehen.

QUELLEN

Hat Ihnen dieser Adventskalender gefallen?
Dann empfehlen Sie ihn bitte weiter.
Mehr über den 8 grad verlag finden Sie auf
www.8gradverlag.de
und in unserem Newsletter.

24

24

Im Jahr 1960 nahm der Südwestrundfunk das Dreikönigsspiel für den Rundfunk auf. 2018 wurde die Aufnahme in 100 Exemplaren auf CD gebrannt; man kann sie in verschiedenen Archiven anhören, darunter die Badische Landesbibliothek in Karlsruhe, die Freiburger Universitätsbibliothek und das dortige Institut für Volkskunde.

DREIKÖNIGSSPIEL IN HEILIGENZELL

Es soll zu den ältesten und schönsten seiner Art gezählt haben, das Dreikönigsspiel in Heiligenzell bei Lahr.

Noch bis in die 1980er-Jahre zogen dort nicht allein Kaspar, Melchior und Balthasar von Haus zu Haus, sie wurden außerdem von dem mit einem Hirtenstab versehenen heiligen Josef begleitet und vom König Herodes.

Gemeinsam führten sie ein ergreifendes **Sing- und Sprechspiel** auf. Darsteller waren Entlassschüler, also Schulabgänger des kleinen Orts.

Das Dreikönigsspiel, dessen Wurzeln wohl bis ins Mittelalter zurückreichen, wurde vom Brauch des Sternsingens abgelöst.

Irene Krauß: Weihnachten hierzuland. Bräuche, Symbole und Rezepte aus Baden und Schwaben. Tübingen, Silberburg-Verlag, 2005.

Klaus Nagel: Weihnachten im Schwarzwald. Erfurt, Sutton, 2014.

Wulf Wager (Hg.): Weihnachten im Ländle. Darmstadt, Theiss, 2016.

Außerdem Artikel zu Weihnachtsbräuchen aus der Badischen Zeitung, dem Schwarzwälder Boten und von baden online, https://m.bo.de.

IMPRESSUM

1. Auflage 2024

Sonnhalde 73 | 79104 Freiburg

LESEZEIT: 03

Gesucht und gefunden von:
German Neundorfer
Illustrationen und Umschlaggestaltung:
Antje Therés Kral
Layout und Satz:
Antje Therés Kral
Lektorat:
Marion Voigt, Zirndorf
Korrektorat:
Stephan Thomas, München
Herstellung:
folio · print & more, Zirndorf
Papier:
Omnibulk 135g/m²
Einbandmaterial:
Peyvida fina 270 g/m²

Gesetzt aus der Transat von Gregory Shutters
und der Corporate A von Kurt Weidemann

Druck:
Louis Hofmann Druck- und Verlagshaus, Sonnefeld
Bindung: ABCbuchbinderei, Nürnberg

Printed in Germany
ISBN 978-3-910228-33-7

www.8gradverlag.de